¡V E O, V E O!

Otoño

Karen Bryant-Mole

Heinemann Library
Chicago, Illinois

©1999 Reed Educational & Professional Publishing
Published by Heinemann Library,
an imprint of Reed Educational & Professional Publishing,
Chicago, Illinois

Customer Service 888-454-2279

Visit our website at www.heinemannlibrary.com

©BryantMole Books 1997

Designed by Jean Wheeler
Commissioned photography by Zul Mukhida
Printed in Hong Kong / China

03 02 01
10 9 8 7 6 5 4 3 2

Library of Congress Cataloging-in-Publication Data

Bryant-Mole, Karen.
    [Autumn. Spanish]
    Otoño / Karen Bryant-Mole.
        p.   cm. -- (Veo, veo!)
    Includes index.
    Summary: Spanish text and photographs identify various aspects of autumn, including the weather, festivals, fruits, trees, sports, and more.
    ISBN 1-57572-909-1 (lib. bdg.)
    1. Autumn--Juvenile literature. [1. Autumn. 2. Spanish language materials.] I. Title. II. Series: Bryant-Mole, Karen. Picture this! Spanish.
    [QB637.7.B7918 1999]
    508.2--dc21
                                          99-10865
                                          CIP

Acknowledgments
The Publishers would like to thank the following for permission to reproduce photographs. Cephas; 11 (right) Ted Stefanski, Eye Ubiquitous; 11 (left) Paul Seheult, 20 (right) Sean Aidan, Positive Images; 7 (both), Tony Stone Images; 6 (left) Janet Gill, 10 (left) Simon Jauncey, (right) Ken Fisher, 14 (left) John & Eliza Forder, (right) H Richard Johnston, 15 (left) David C. Tomlinson, (right) Fernand Ivaldi, 20 (left) David Davies, 21 (both), Zefa; 6 (right)

Every effort has been made to contact copyright holders of any material reproduced in this book. Any omissions will be rectified in subsequent printings if notice is given to the Publisher.

Encontrás unas palabras en negrita, **así**. El glosario te da su significado.

Contenido

¡Volver a la escuela!

Por lo general, el año escolar comienza en otoño.

¿Qué llevas a la escuela?

Tiempo

En otoño, el tiempo puede cambiar de un día para otro.

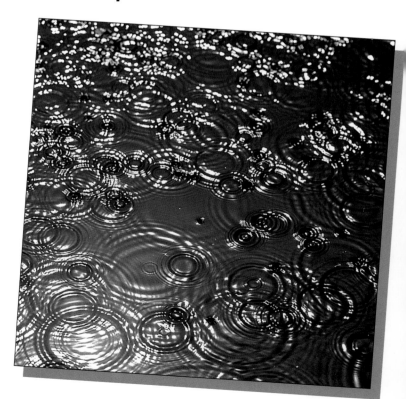

sol

lluvia

6

neblina

niebla

7

En el jardín

El otoño es la temporada para sembrar **bulbos**.

Florecen *en primavera.*

Festividades

¿Qué **celebramos** en estas fiestas?

Noche de Fogatas

Día de Acción
de Gracias

10

Diwali

Festival Chino
de la Luna

Frutas

En otoño, recogemos estas frutas.

moras

manzanas

12

ciruelas

peras

13

Árboles

En otoño, las hojas de muchos
árboles cambian de color y
se caen.

15

Diseños con hojas

Puedes hacer **diseños** bonitos **con las hojas** secas de otoño.

Nueces

Algunos árboles
dan nueces en
otoño.

¿Qué árboles
dan estas
nueces?

19

Deportes

En otoño, comienza la temporada de muchos deportes.

Verduras

¿Has probado estas verduras?

cebollas

coliflor

22

calabaza

maíz dulce

23

Glosario

bulbo algo que se planta debajo de la tierra, de lo que nace una planta

celebrar festejar alguna ocasión especial

diseño con hojas dibujo que puedes hacer poniendo una hoja seca debajo del papel y frotando con un crayón

florecer cuando se abren las flores

Índice